TEOSOFIA PRÁTICA

C. Jinarajadasa

TEOSOFIA PRÁTICA

Practical *Theosophy*
Theosophical Publishing House, 1918
Adyar, Chennai, Índia.

Edição em português:
Editora Teosófica

J 61

Jinarajadasa, C. (1875-1953)

Teosofia prática / C. Jinarajadasa
Tradução: Edvaldo Batista – 3ª Ed – Brasília
Editora Teosófica, 2024
Tradução de: Pratical theosophy

ISBN 978-85-79220-43-2

1. Teosofia

CDU 141.332

EDITORA TEOSÓFICA,
SIG - Quadra 6, nº 1235,
70610-460 - Brasília - DF, Brasil
Tel.: (61) 3226-7843
Fone/whats app: (61) 98613-4906
E-mail: editorateosofica@editorateosofica.com.br
comercial@editorateosofica.com.br
Site: www.editorateosofica.com.br
Inst.: @editorateosofica

Revisão: Maria Coeli Perdigão B.Coelho e Zeneida Cereja da Silva
Capa: Chico Régis
Diagramação: Reginaldo Mesquita
Impressão: Gráfika Papel e Cores
comercial@grafikapapelecores.com.br

Sumário

OBSERVAÇÃO

Essas palestras foram proferidas em Chicago, USA, em 1910, e, posteriormente, na Convenção Anual da Seção de Burma em 1914.

Introdução

O valor da Teosofia, como uma filosofia da conduta, reside no fato de estar ao nosso lado em cada instante de nossa vida e subjacente a todos os nossos atos e ocupações. Ao mesmo tempo em que ela expõe verdades universais, que se relacionam com os mais importantes problemas da existência, também nos proporciona outras verdades luminosas referentes às pequenas coisas da vida diária. Quando o homem tiver apreendido os princípios teosóficos, ainda que apenas intelectualmente, nunca mais se afastará deles. Eles estão entrelaçados no tecido de todo tipo de vida, do mesmo modo que as verdades da evolução o estão na Natureza. Um homem pode recusar-se a viver de acordo com esses princípios, mas não pode separar-se deles; eles o acompanham em sua casa, em seu trabalho, em suas diversões; eles dão uma versão atualizada a tudo o que ele vê e ouve.

Há três verdades teosóficas fundamentais que transformam a atitude do homem em relação à vida, quando ele começa a vivenciá-las. Estas verdades são:

1. O homem é uma alma imortal que evolui através dos tempos até tornar-se um ideal de perfeição.
2. O desenvolvimento da alma ocorre quando ela aprende a cooperar com o Plano Divino, que é a Evolução.
3. O homem aprende a cooperar com o Plano de Deus, em primeiro lugar, quando começa a ajudar seus semelhantes.

A primeira verdade nos ensina que o homem é uma alma e não um corpo; que o corpo é somente um instrumento usado pela alma e descartado por ela na ocasião da morte, quando já não serve mais a seus propósitos. Esta primeira verdade também nos fala da Reencarnação ou processo de repetidos nascimentos na Terra, método por meio do qual a alma cresce através das experiências que acumula vida após vida, aumentando gradativamente sua sabedoria, força e beleza.

A segunda verdade nos diz que o objetivo da vida não é a contemplação, mas a ação, e que cada ação da vida de um homem deveria ser orientada pela compreensão de que ela precisa se enquadrar harmoniosamente no Plano Divino da Evolução. Quanto mais uma alma cooperar com o Plano Divino, tanto mais feliz, sábia e gloriosa será.

A terceira verdade nos ensina que cada homem está ligado por laços invisíveis a todos os seus semelhantes; que eles crescem e caem com ele do mesmo modo que seu destino está ligado ao deles; que somente quando ele ajuda o todo do qual é parte, realmente estará ajudando a si mesmo. O amor para com nossos semelhantes e o altruísmo em sua mais alta forma são, portanto, coisas essenciais ao nosso desenvolvimento.

Essas verdades fundamentais são aplicáveis a cada momento de nossas vidas, e o teósofo é aquele que as pratica. Vejamos, pois, como elas podem ser aplicadas nos diferentes ramos da atividade humana.

Capítulo 1

A Teosofia no lar

O que é a família à luz das verdades teosóficas? A família é um ponto de encontro de almas, com o objetivo de se ajudarem reciprocamente no caminho da perfeição. Nenhum indivíduo chega a uma família, simplesmente, por acaso. Os mais velhos e os mais jovens, os donos da casa e os seus auxiliares, os hóspedes e até os próprios animais domésticos encontram-se reunidos numa família, porque cada um desses seres deve ajudar os demais e necessita, por sua vez, do auxílio deles. No Plano Divino, nada existe que se pareça com o que denominamos sorte; todos os indivíduos de uma família fazem parte dela, por um longo ou curto período, porque podem cooperar para o bem-estar dos demais membros. Cada um tem um papel definido na família, e o desenvolvimento de sua alma está condicionado à maneira como desempenhar essa missão, utilizando o máximo de sua capacidade. O lar é um lugar de crescimento e o lar ideal é aquele em que as condições são tais que permitam aos que nele habitam atingir sua perfeição, o mais rapidamente possível.

No lar existem vários aspectos da vida e cada um deles é afetado pelos princípios teosóficos. O que pode dizer a Teosofia, com referência às relações que existem entre os pais e os filhos, entre o marido e a mulher, entre o dono da casa e os empregados, entre o anfitrião e o hóspede?

Analisemos, em primeiro lugar, a relação entre pais e filhos. A criança possui uma dupla natureza: em primeiro lugar, como uma alma e, em segundo, como um corpo. Os pais proporcionam somente o corpo; a alma da criança vive sua vida independentemente e toma posse desse corpo somente porque espera evoluir através dele. É apenas em relação ao corpo da criança que os pais são os mais velhos; mas, como alma, ela é igual a seus pais, e, em muitas ocasiões, mais preparada, mais evoluída, mais sábia que eles. Portanto, a criança não pertence a seus pais; eles são apenas os guardiões de seu corpo, enquanto a alma não puder dirigi-lo plenamente durante a infância e a adolescência.

As palavras "meu filho" não lhes dão direito algum sobre o destino da criança, mas apenas o privilégio de colaborar na evolução de uma alma irmã. À medida que os pais evoluem, aprendendo a auxiliar os seus semelhantes, uma alma irmã lhes é enviada como filho.

Durante o tempo da infância, o dever dos pais é ajudar a alma da criança a dominar plenamente o seu corpo e capacitá-la assim a cumprir sua missão. Essa alma traz muitas experiências de vidas passadas e ela está se preparando para um grande trabalho no futuro distante. Ela nasce numa determinada família, porque esse ambiente é ao mesmo tempo o que ela merece e o que vai lhe proporcionar as experiências necessárias a seu desenvolvimento. O dever dos pais é ajudar a criança a adquirir essas experiências.

Isto precisa ser feito, em primeiro lugar, criando um ambiente favorável a uma vida sadia; é dever dos pais conhecerem as regras de higiene e salubridade, para que as condições físicas da criança possam ser as mais perfeitas possíveis. Em seguida, os pais devem prover uma atmosfera emocional e mental que ajude a criança. A alma da criança não é perfeita; ela vem de vidas anteriores, nas quais tanto foi má quanto boa; portanto, ao voltar a um novo nascimento na Terra, já existem nela as duas tendências.

Mas os pais podem ajudar a evolução da criança, fazendo-a recordar, nos primeiros anos de sua infância, apenas as experiências boas e caridosas e não as más e cruéis. É verdade que a alma deve erradicar o mal em si apenas através de sua própria ação; mas os outros podem facilitar essa tarefa por meio de sua influência, especialmente quando a alma que necessita de auxílio começa uma nova vida como criança, enfatizando o seu lado bom e não o mau.

Portanto os pais devem compreender a invisível força do pensamento e da emoção, saber como um pensamento de cólera, por exemplo, manifestado ou não, alimenta as sementes da ira que a criança tenha trazido de suas vidas passadas, enquanto que pensamentos de amor e carinho destroem os germens do mal e, ao mesmo tempo, alimentam as sementes do bem. Uma alma possuidora de tendências boas e más pode principiar a sua nova experiência de vida sendo uma criança muito boa em vez de má, se os pais alimentarem nela bons pensamentos e sentimentos em vez de maus.

Embora seja dever dos pais rodearem as crianças de tudo o que possa desenvolver a bondade e a beleza, não se pode responsabilizá-los obrigatoriamente se, apesar destas precauções, alguma criança manifestar tendências malignas. Pode acontecer que a alma da criança possua germens do mal demasiadamente poderosos para serem dominados; neste caso, os pais somente devem tentar guiá-la, mas, se ela não aceitar, não se pode fazer outra coisa senão deixá-la seguir seu caminho[1]. A alma aprenderá por meio dos seus erros e dos sofrimentos que deles resultarem, tanto para si como para os que a rodeiam. Se os pais cumpriram seu dever, fizeram tudo o que o Plano Divino esperava deles; não lhes é possível fazer ou desfazer a natureza de uma alma, porque compete a ela mesma trabalhar por sua própria salvação. Um erro não é uma calamidade tão grande como pode parecer, já que uma alma não tem apenas uma vida para corrigir-se, mas várias.

O Plano Divino proporciona à alma tantas oportunidades quantas forem necessárias, para que finalmente adquira força e virtude. Portanto, nenhum pai que tenha cumprido o seu dever, pode considerar-se culpado se a criança não corresponder aos ideais da virtude. As opor-

[1] O autor se preocupa em acalmar os pais e evitar qualquer sentimento de culpa, de parte deles, a respeito de característica inerentes à criança, porque provenientes de outras reencarnações, mas é claro que isso não isenta os pais de continuarem cuidando da criança até a maioridade. (N.E.)

tunidades que a criança recusa, surgirão novamente, mas apenas depois que ela aprender, através do sofrimento, a aproveitá-las. O que os pais deverão fazer sempre nessas circunstâncias é não considerar a alma somente pelos seus fracassos, aumentando assim suas debilidades, mas pensar em suas virtudes, e assim reforçá-las.

Na educação das crianças, uma questão importante é como levar a criança a fazer o que é certo e não o errado. Infelizmente a civilização até hoje tem acreditado que algum tipo de castigo corporal é inevitável como parte do processo. Não há duvida de que os pais têm o dever de educar as crianças, mas nem por isso têm o direito de pressioná-las; a desculpa de que os castigos corporais são benéficos às crianças, não levou em consideração todos os aspectos da questão. Não se pode negar que, na primeira infância, o corpo da criança é, em grande parte, uma inteligência animal encoberta pela natureza da alma e que muitas de suas atividades não se relacionam absolutamente com as da alma; não é a alma que come e bebe, fica irritada ou teimosa, feliz com brinquedos ou ri quando lhe fazemos cócegas. É preciso se reconhecer que, em muitas ocasiões, esta natureza animal da criança necessita ser dominada; mas qualquer espécie de pressão externa por meio de castigos corporais, embora possa ou não alcançar o objetivo desejado, produz, seguramente, certo endurecimento nos veículos sutis da criança, endurecimento que as torna mais e mais insensíveis a influências espirituais do Ego.

A natureza superior da criança, representada por suas emoções latentes e por seus pensamentos, é muito sensível na infância; com cuidados especiais, pode-se conseguir que a criança, ao crescer, adquira uma natureza emocional boa e alegre e uma mentalidade aberta e intuitiva. Qualquer tratamento ríspido endurece seus sentimentos mais delicados, embora pareça produzir bons resultados no controle do corpo físico. Os repetidos choques nessa delicada natureza acabam embotando e matando aquela elevada sensibilidade que deveria predominar em todos os homens e mulheres, como característica normal dos seres humanos. O indivíduo que sente gratidão por aqueles que o ensinaram a ser bom através de castigos, não percebe quanto melhor poderia ter sido, se os responsáveis por sua formação houvessem compreendido e adotado um sistema mais racional de educação.

Quando os pais e os professores compreenderem que todas as experiências de vida não devem ser condensadas no curto espaço de tempo de uma única existência; que a alma tem diante de si uma eternidade de crescimento; que ela tem o direito de fazer suas próprias experiências em sua existência, desde que não obstrua o desenvolvimento dos demais; que cada ser é individualmente responsável pelo mal ou bem que fizer; que os outros são responsáveis por ele, apenas pelo fato de serem seus irmãos e semelhantes; então teremos uma visão mais clara sobre este tema da educação e bem-estar da criança, e não haverá dificuldade para se estabelecerem métodos de disciplina infantil que dominem sua natureza animal sem prejudicar em nada sua natureza superior como alma.

Se estudarmos à luz da Teosofia as relações dentro da família, como entre marido e mulher, veremos que a Teosofia afirma que ambos têm responsabilidades e direitos iguais. O que os uniu nessa relação familiar foi uma série de deveres e direitos que se denomina Lei do *Karma* ou Lei de Ação e Reação. Não é a primeira vez que se encontram nessa longa existência; já se encontraram anteriormente em numerosas ocasiões e produziram *karma* entre elas e com as outras almas com as quais devem tornar a viver, quer como filhos ou como outro qualquer membro da família. É pois o *karma* engendrado entre elas e aqueles que os cercam no lar, que junta duas almas neste mundo como marido e mulher.

Muitas vezes este *karma* traz consigo o florescimento de afetos e simpatias e, neste caso, teremos o matrimônio ideal. Todavia pode também acontecer, que após a aproximação de duas pessoas, o *karma* existente entre elas produza sofrimento. Nas duas situações, o Plano Divino é que estas duas pessoas venham a se conhecer em suas respectivas naturezas Divinas e possam descobrir qual é a sua obra comum, obra que faz parte do trabalho Divino. As almas podem descobrir-se umas as outras por meio do amor, mas nos casos em que não queiram aplicar o amor, as forças da vida agirão de maneira que possam descobrir-se por meio do ódio; porque o ódio, que no princípio repele, acaba por atrair no fim. Há homens e mulheres que descobrem esses mistérios da vida fora da relação matrimonial, mas esta relação foi planejada como uma das maneiras de alcançar essa revelação, essa descoberta. Nenhuma outra relação nos proporciona maiores oportunidades do que esta para se descobrir o eu dos outros, como também para descobrirmos o nosso próprio eu; e o homem ou a mulher que aproveita estas oportunidades, quando o *karma* as apresenta, cresce em espiritualidade e aproxima-se mais da descoberta de Deus e de toda a Humanidade.

Quando alguém compreende que esse elevado objetivo espiritual existe na vida familiar, as responsabilidades e os privilégios que essa vida nos concede aparecem-nos debaixo de uma nova luz, porque através dos pequenos deveres do lar vislumbramos a luz da Eternidade. O nascimento de crianças ou a sua morte, as preocupações e os cuidados que são necessários para criá-los e educá-los, as satisfações e as dores que eles nos proporcionam, são outras tantas experiências que nos conduzem à grande Descoberta. O lar não é somente um ponto de reunião em que os viajantes se encontram, vivem juntos durante alguns anos e separam-se em seguida para sempre. Podemos comparar melhor o lar com um teatro ou com uma sala de concertos, onde se ensaia um drama ou uma sinfonia, para que todos os indivíduos aprendam a executar seu papel com dignidade e beleza, para a alegria dos homens e de Deus.

No lar há também diferença na relação entre o patrão e o empregado. Geralmente quando existe essa relação, o empregado é menos instruído do que o patrão; ele, por conseguinte, aparece na família para que possa ser ajudado a crescer por uma pessoa mais velha. Podemos contratar um empregado, mas sua vinda até nós não é por acaso; podemos pagar-lhe um salário, mas nosso "vínculo *kármico*" não cessa com o dinheiro que lhe damos. O criado é uma alma irmã do patrão; ele geralmente é o irmão mais moço, mas o contrato financeiro entre eles nunca pode tornar menos real o importante fato de que são irmãos.

Os empregados vêm até nós para que lhes mostremos um ideal de vida mais elevado do que aquele que eles normalmente teriam percebido se não tivessem tido contato com seus tutores. A limpeza, o espírito metódico, a conscientização, a generosidade, a cortesia, as boas maneiras e a cultura são exemplos de comportamento que o dono da casa deve colocar diante dos olhos de seu irmão menor, o empregado. Mas ao apresentar-lhe nosso exemplo, não podemos exigir que atinja o mesmo padrão de comportamento, por se tratar de nosso irmão mais moço. É nossa obrigação de patrões, sermos pacientes e compreensivos, enquanto procuramos despertar o melhor do potencial de nossos criados, através de um espírito de cooperação voluntária. Um indivíduo, na sua situação de servidor, pode assimilar muitas virtudes que numa futura encarnação, em que suas possibilidades serão maiores, deverão capacitá-lo para executar atos nobres; ao passo que o patrão de hoje, se não tiver ainda adquirido essas virtudes, terá que voltar à Terra como empregado para aprendê-las.

Quem sofreu como escravo poderá voltar como príncipe,
Por suas gentis virtudes e méritos adquiridos;
Quem mandou como Rei, pode errar pela mundo andrajoso,
Por suas indignas ações e deveres não cumpridos.

Os animais domésticos que vivem em nosso lar não são criaturas tão insignificantes, como as pessoas geralmente acham. A Vida Divina, que se encontra no homem, está igualmente no animal, mas nele se encontra num estado mais primitivo e, por conseguinte, menos evoluída. Esta vida deve acelerar o seu desenvolvimento pelo contato com o homem.

O dever do homem para com seus animais domésticos é o de suavizar a sua natureza selvagem e implantar neles os atributos humanos do pensamento, do afeto e da dedicação. Portanto, enquanto o animal nos dá sua força, trabalhando para nós, devemos usar essa força com a finalidade de humanizá-lo, porque há de chegar o dia em que conseguirá ser um homem. Ao treinarmos um cão para desenvolver sua inteligência, não devemos fazê-lo de modo a reforçar seus instintos animais, como quando treinamos nossos cães para a caça. Um gato doméstico pode ser "um bom caçador de ratos", mas não foi por essa razão que Deus o guiou para a família onde vive. Quando treinamos cavalos, não deveríamos procurar apenas desenvolver a velocidade para participarem de corridas; os serviços que eles nos prestam deveriam ser recompensados, pela tentativa de desenvolver neles as qualidades que contribuirão mais para sua evolução em direção à humanidade do que a velocidade.

O princípio geral referente a nossas relações com os animais domésticos é que eles foram realmente enviados para junto de nós a fim de que, na medida do possível, os seus atributos animais de selvageria fossem substituídos por atributos humanos, porque o que hoje é um animal, algum dia será um homem, assim como no futuro o homem de hoje tornar-se-á um Deus. Aquele que contribui para que a Vida Divina progrida mais rapidamente pelo seu caminho ascendente, esse ajuda, com maior eficiência, a sua própria evolução.

Capítulo 2

A Teosofia na Escola e na Universidade

Atualmente, há numerosas tentativas de reforma no mundo da educação; todos os que têm o dever precípuo de ensinar e ajudar a formar o caráter das crianças, percebem que as teorias e os métodos existentes são insatisfatórios. A tendência dessas diversas reformas fica bastante clara, quando abordamos o problema da educação do ponto de vista da Teosofia. As teorias existentes partem da suposição de que a inteligência da criança só existe a partir do momento de seu nascimento e que, quando começa a frequentar a escola, sua mente é uma *tabula rasa*; portanto, o objetivo da educação seria, essencialmente, dar à criança conhecimentos que ainda não possui e modelar um caráter que até esse momento não está formado. Estas teorias ainda são aceitas como verdadeiras, apesar do fato de todas as pessoas que se dedicam a instruir crianças, assim como os pais que devem criá-los, saberem, por experiência própria, que desde a mais tenra idade estes pequenos seres têm tendências e aptidões próprias e perfeitamente determinadas.

Do ponto de vista teosófico, deve-se considerar sempre, em primeiro lugar, o fato de que a criança é uma alma imortal e que sua aparência de menino ou menina tem o objetivo de capacitá-la a desenvolver suas potencialidades latentes, através da experiência que vai adquirir durante a sua vida neste planeta. Em segundo lugar, devemos recordar que o mundo visível não é mais do que uma parte do outro mundo mais vasto, no qual a criança vive e onde é continuamente influenciada, quer para o bem, quer para o mal, não só pelo que vê e ouve, como também pela invisível atmosfera mental e emocional que formam os pensamentos e sentimentos dos demais. Como uma alma imortal, a criança já passou por várias experiências de vida, e sua atual aparência de criança é apenas uma entre muitas outras semelhantes em vidas passadas. Portanto, podemos afirmar que essa alma possui um conhecimento importante acerca da vida e já adquiriu certa experiência para saber o que deve ou não fazer. Contudo, todos estes conhecimentos se encontram, em grande parte, latentes, pelo menos no que se relaciona ao cérebro da criança.

O verdadeiro objetivo da educação, portanto, é duplo. Em primeiro lugar, deve procurar despertar o conhecimento latente na criança; ela deve ser levada rapidamente a redescobrir os princípios de conduta que em vidas anteriores testou e considerou válidos; de maneira que a melhor educação será aquela que permite à alma, atuando através do cérebro da criança, recordar-se, por assim dizer, o mais depressa possível, dos fracassos e êxitos obtidos nas encarnações anteriores. Em segundo lugar, a educação deve fazer o possível para que a criança tenha prontamente uma ideia sintética da vida; porque a verdadeira educação do indivíduo não começa senão quando este vê a vida de um ponto de vista central. Nas atividades gerais da vida, algumas vezes nos perdemos, porque permitimos divisões entre o nosso mundo mental e emocional e o mundo moral; e quando vivemos, por assim dizer, em compartimentos, a resultante de nossas energias será sempre menos forte do que seria se vivêssemos como um todo indivisível. Portanto, a educação deve, desde o início, inculcar na criança o sentido da unidade na vida; e como ela já tinha atingido, anteriormente, algum nível de síntese através das experiências de vidas passadas, o educador deveria tentar levá-la a recuperar rapidamente a lembrança dessa síntese e a ampliá-la para abarcar horizontes ainda mais amplos.

Este trabalho de capacitar a alma, através do seu corpo de criança, a alcançar sua síntese precedente, deve ser feito em três etapas: o Jardim de Infância, a Escola de Ensino Fundamental e a Universidade[2]. Vejamos agora o que diz a Teosofia a respeito da educação nessas etapas.

O JARDIM DE INFÂNCIA

A criança não é somente o pequeno corpo físico que vemos; tem também um corpo astral que é o veículo de suas emoções e um corpo mental dotado da faculdade de pensar. Todos estes três veículos – o mental, o astral e o físico, constituem a criança; e todos os três são sensíveis e demandam formação e coordenação. Cada veículo possui uma vitalidade própria que é completamente distinta da vitalidade geral dominante da alma da criança;

[2] Atualmente, Jardim Infância, Ensino Fundamental, Ensino Médio e Universidade (N.E.)

e cada um destes três corpos tem uma consciência rudimentar que é capaz de sentir antipatias ou simpatias que nem sempre coincidem com as da alma da criança. Essas correntes subconscientes de percepção são muito pronunciadas durante a infância e devem ser mantidas, durante o dito período, em seus limites correspondentes, enquanto a alma usa os veículos que lhes dão origem.

Às vezes, algum desses elementos subconscientes pode ser completamente contrário à natureza da criança; o seu corpo físico pode ser muito turbulento ou muito apático, devido à hereditariedade física dos pais. Isso, porém, não quer dizer que a alma tenha, obrigatoriamente, falta de serenidade ou de energia. De igual modo, o corpo mental e astral de cada criança possui energias próprias para começar a vida, energias totalmente independentes da alma da criança que usa esses veículos. Por conseguinte, o objetivo principal da etapa educativa do Jardim de Infância é o de levar a criança a dominar por completo os seus veículos; o cérebro precisa ser desenvolvido por meio de exercícios musculares, a natureza emocional por meio de sentimentos e a mental por meio de pensamentos.

Todos nós sabemos que no Jardim de Infância, treina-se o corpo da criança com método, ordem e ritmo, capacitam-se seus centros cerebrais para apreenderem os conceitos de cor, forma, peso, temperatura, etc. Pois bem, a habilidade mecânica adquirida pelo corpo físico da criança nos exercícios praticados no Jardim de Infância atua sobre sua natureza emocional e mental, sendo esta preparação muito necessária para que a alma possa alcançar mais rapidamente sua síntese.

Devemos reconhecer, entretanto, que o caráter da criança é influenciado não somente pelos objetos que manipula e pelas formas que vê, mas também pelas numerosas influências invisíveis; as linhas, os ângulos, as curvas da sala; a cor das paredes; a forma dos objetos físicos que o rodeiam no Jardim de Infância, tudo isso, de modo invisível, pode ajudar ou retardar o seu desenvolvimento, porque cada linha, cada cor ou cada som influencia sua natureza mental e emocional; podemos facilitar ou dificultar a evolução desses pequenos seres, através da influência dos objetos que os rodeiam no Jardim de Infância. Os métodos pedagógicos aplicados nessa etapa preconizam o valor das crianças manusearem vários objetos; é preciso, porém, que os pedagogos reconheçam também que tais objetos, de uma maneira contínua, ainda que invisível, estão formando a criança e que esta influência pode moldar sua natureza de um modo positivo ou pervertê-la completamente.

Do ponto de vista teosófico, a influência que o professor exerce sobre a criança tem uma importância muito maior do que os educadores atualmente percebem; pois a criança é influenciada não apenas pela pessoa visível do mestre, mas ainda pela parte invisível de sua natureza. Uma palavra forte ou um sorriso amável produzem, como todos nós sabemos, resultados evidentes; mas o efeito produzido pelo seu pensamento é infinitamente maior. O verdadeiro mestre deve dominar métodos pedagógicos não apenas intelectualmente, mas também emocionalmente; isso é essencial, sobretudo no Jardim de Infância, visto que os campos astrais e mentais das crianças são extremamente sensíveis à influência do pensamento e dos sentimentos do professor. Ninguém tem o direito de ser professor, se não tiver um grande amor pelos pequenos e se não se interessar pela sua vida. A aplicação deste princípio geral é tanto mais importante no Jardim de Infância, onde as crianças são confiadas aos mestres, por assim dizer, de corpo e alma.

Muitos melhoramentos ainda deverão ser introduzidos nos Jardins de Infância, mas o princípio geral que lhes deve servir de base é o de que, enquanto os três campos da criança ainda forem plásticos, o mestre tem a obrigação de fazer atuar sobre eles, não só as influências visíveis, mas as invisíveis também, a fim de que a elevada natureza da alma possa atingir o seu cérebro, o mais rapidamente possível.

O Ensino Fundamental

Depois que a criança tiver obtido, no Jardim de Infância, certo domínio sobre os seus veículos, deve desenvolver, na seguinte etapa educacional, as capacidades necessárias para compreender o sentido da Lei. Será pois necessário, que suas emoções sejam então trabalhadas mais a fundo. Pois bem, este ser nasceu com uma natureza emocional que foi desenvolvida durante numerosas vidas; por conseguinte, o mestre não tem que modelar uma natureza emocional totalmente elástica e informe. Ele pode apenas modificá-la, tirando-lhe as rugosidades ou os desvios que possa apresentar e fortalecendo o que nessa alma houver de nobre e elevado. O que é preciso dar à criança, ou melhor, na maioria dos casos tornar a despertar nela, é a capacidade profunda de sentir e, ao mesmo tempo, conservar a serenidade.

Obtém-se isso em grande parte, atuando sobre o corpo físico da criança. Surge aqui o valor da ginástica, especialmente os exercícios de conjunto, que tenham algum sentido de ritmo. Porque quando o ritmo pode ser desenvolvido numa ação física, como por exemplo, na dança ou nos movimentos eurrítmicos, haverá indubitavelmente uma bem definida reação emotiva, que fortalece o corpo emocional invisível da criança e a impele a adquirir a noção da lei e da ordem; e isso, por sua vez, atua de tal maneira sobre sua natureza mental, que a põe em harmonia com a ideia da lei. Este efeito é grandemente aumentado quando tais exercícios rítmicos são executados simultaneamente por um grande número de crianças; pois, enquanto trabalham todos juntos é como se fossem unidades de um movimento rítmico invisível, que os submete à grande lei da ordem e da beleza na ação.

O sentimento da Lei e da Beleza também se desenvolve muito exercitando a criança na poesia e na música; é claro que esta preparação não é para capacitá-la a escrever versos ou compor obras musicais – a não ser que já tenha realmente aptidão específica para tal – mas ela deve receber a poesia e a música como seu alimento emocional. Desde a mais tenra idade, a criança deveria aprender cantos e versos compatíveis com sua capacidade; porém precisamos ter o cuidado para que sejam realmente apropriados a seu desenvolvimento. Da mesma maneira como a sujeira física poderia infectar seu corpo, igualmente sua natureza emocional e mental poderia ser pervertida por poesias impuras ou músicas de baixo nível. As pequenas músicas de ninar, com sua usual confusão de pensamentos e imagens sem nenhuma relação com a vida real, são, sob este ponto de vista, especialmente prejudiciais. Talvez atualmente nossos poetas nos brindem com grandes composições para substituírem aquelas canções de ninar que, ainda hoje, adormecem as crianças. Se na nossa moderna civilização, pudéssemos eliminar os ruídos dissonantes das ruas, os horríveis cartazes de publicidade e abandonar o uso de frases com significado distorcido, então não teríamos de lamentar o fato das crianças serem turbulentas. A turbulência é uma enfermidade de natureza emocional, mas seus germens não estão tanto na criança, quanto no mundo externo que a rodeia em nossa atual civilização.

A natureza mental da criança deve ser formada estritamente de acordo com os fatos; em nossos dias é sumamente difícil conseguir isso, porque a maioria das palavras que usamos não significam o que deveriam significar. Palavras que têm significado já bem definido e aceito são amiúde empregadas de uma maneira exagerada ou como gíria, o que produz confusão na mente sensível da criança. É preciso, pois, tomarmos o maior cuidado, a fim de que as crianças ouçam apenas palavras verdadeiras, isto é, palavras que tenham uma relação clara e precisa com o que elas indicam. A natureza mental da criança é extremamente ativa e, portanto, difícil de manter-se numa determinada direção; por conseguinte, é preciso dar-lhes e ainda exigir delas descrições claras das coisas. A exatidão mental introduzida na educação permitirá à sua inteligência adormecida manifestar-se de um modo mais completo no decorrer dos anos; a exatidão no pensamento e nas descrições é necessária por uma razão imperiosa: é ela que faz baixar ao cérebro da criança a consciência da alma que, em ocasiões anteriores, já formulou pensamentos exatos com respeito às experiências pelas quais passou em suas vidas precedentes.

Não é necessário dizer que a mente da criança deve ser exercitada por meio de contos. A mente é um dos melhores instrumentos construtivos que possuímos: em verdade, a razão de ser da mente, é construir. Devemos, portanto, proporcionar-lhe materiais adequados às diversas etapas de seu crescimento e, desde a idade mais tenra, mostrar-lhe o que torna belas suas criações. Por esta razão, a utilidade dos contos de fada e especialmente dos mitos é evidente; os mitos têm em sua estrutura algo de beleza intrínseca, e as faculdades imaginativas da mente infantil se desenvolvem muito, quando são postas em contato com os grandes romances dos mundos invisíveis e visíveis.

Um elemento necessário na educação é dar à criança, ainda em sua mais tenra idade, uma síntese definida sobre a qual ela possa basear sua imaginação; para obter este resultado, é fundamental a religião. Não devemos entender por religião uma série de dogmas teológicos; o que a criança precisa no início é algum grande pensamento universal que se relacione com um sentimento também universal. Cada religião possui vários destes pensamentos que estão ao alcance da mentalidade até das crianças, e é perfeitamente possível rodear os pequenos seres de uma esplendida atmosfera religiosa.

Cada criança deve aprender, no começo e no fim de cada dia, a lembrar-se de que é uma alma, através de uma simples oração. Isso pode ser conseguido por meio de uma simples invocação, como, por exemplo, a que empregam para esse fim os filhos dos teósofos, que pertencem ao agrupamento denominado "Cadeia de Ouro do Amor", a qual diz assim:

"Eu sou um elo da Cadeia de Ouro do Amor,
que circunda o mundo, e devo manter meu elo

brilhante e forte".

"Assim, procurarei ser bom e amável para com todos os seres vivos
que encontrar e ainda proteger e ajudar todos aqueles
que são mais fracos do que eu".

"Farei todo o possível para ter pensamentos puros e belos;
para dizer palavras puras e verdadeiras
e executar ações puras e nobres.

Oxalá cada elo da Cadeia de Ouro
torne-se puro e forte".

A imaginação da criança poderá com facilidade compreender o simbolismo desta bela oração, que encerra a ideia da grande unidade da Vida, mais ampla do que a da própria criança. Uma obra, que ainda está faltando na área educacional, é a de livros didáticos e contos infantis, que apresentassem às crianças a vida universal da Humanidade, estimulando ao mesmo tempo sua imaginação. Poderíamos transformar as crianças em grandes filósofos, se simplesmente compreendêssemos que a filosofia não é um conjunto de sistemas definidos ou de escolas, mas de pensamentos, sentimentos e aspirações comuns ao que de melhor existe na humanidade.

Outro elemento de importância na educação da criança é o ensinamento que lhe possamos dar, através do cuidado com animais e plantas. Estas classes inferiores da criação deviam estar sempre em íntimo contato com sua vida, a fim de que ela se recordasse constantemente que forma parte de uma grande e única cadeia de vida; a fim de que aprendesse que não somente o servir aos seus semelhantes é coisa nobre, senão que também é necessário e proveitoso servir aqueles seres que no plano da vida ocupam lugares inferiores ao seu. Além disso, devemos ter presente que cada flor, cada árvore, cada animal irradia uma influência própria e que podemos utilizar esses auxiliares invisíveis para fomentar o desenvolvimento dos bons sentimentos e pensamentos das crianças.

A UNIVERSIDADE

Quando chega a época do estudante entrar na Universidade, podemos considerar que os seus veículos – físico, astral e mental – foram, até certo ponto, disciplinados e estão razoavelmente sob controle. Começa, então, um período no qual a alma pode imprimir efetivamente no cérebro sua atitude interna em relação à vida, preparando seus veículos para o trabalho que pretende realizar. Infelizmente, nas Universidades de hoje, a educação destes veículos é insuficiente, porque o ensino é acadêmico demais e quase não tem relação com os problemas da vida, tal como são vistos pela alma. Em termos gerais, podemos dizer que a parte mais útil da vida universitária não é a instrução recebida dos professores, mas a adquirida no contato com os outros estudantes, nos esportes e nas relações interpessoais. O resultado que se obtém com a educação atualmente dada nas Universidades, é o que a senhora Cornford descreve muito bem, nas linhas seguintes:

> "Um jovem Apolo, de ruiva cabeleira,
>
> Está de pé sonhando a poucos passos da batalha,
>
> Magnificamente despreparado
>
> Para a longa pequenez da vida".

Quando as ideias teosóficas prevalecerem nas Universidades, será reconhecido que a educação oferecida deve ter por objetivo levar o estudante a compreender, em primeiro lugar, os problemas de sua própria alma. Ele veio a este mundo para executar um determinado trabalho e os primeiros anos de sua infância e de sua adolescência foram utilizados na construção de seu veículo; está agora livre para analisar seu passado e olhar seu futuro, a fim de compreender exatamente quem é e qual é sua missão. A ajuda que podemos lhe oferecer é apresentar-lhe os aspectos da cultura, que possam evocar nele sua síntese evolucionária. Durante sua educação no Jardim de Infância e no Ensino Fundamental, este foi um de seus objetivos; mas enquanto, então, sua síntese era sentida, sobretudo emocionalmente, na Universidade deveria ser encarada intelectualmente.

A síntese deve ser-lhe apresentada através das experiências de homens de gênio em diferentes ramos de atividade, no passado e no presente, de tal modo que sua visão geral possa fortalecer seu entusiasmo natural pela atividade específica que, como alma, tenha de exercitar no futuro imediato. Se um homem ou uma mulher termina os seus estudos universitários sem ter encontrado dentro de si um profundo entusiasmo por uma carreira qualquer, podemos considerar completamente fracassada a missão que a Universidade deveria cumprir em relação a ele ou ela. O papel da Universidade é mostrar-nos quais são os objetivos dignos de serem perseguidos em nossa vida, e não apenas, como hoje em dia, preparar-nos para o exercício de uma profissão. Este era em verdade o objetivo da Universidade na antiga Atenas, mas em nossos dias a compreensão do que é a vida é tão deficiente que na Universidade, os próprios professores estão confusos a respeito dos grandes problemas da existência, e por tal razão todo seu entusiasmo visa primordialmente os aspectos intelectuais ou acadêmicos. É do conhecimento geral que as Universidades de Oxford e Cambridge possuem uma forte atmosfera característica, mas esta atmosfera pertence mais a um passado que já se cristalizou e não a um presente cheio de vigor e de vida, ou a um futuro repleto de expectativas.

Uma verdadeira Universidade deveria preparar o homem de tal modo que, depois de terminados os estudos, ele tivesse sempre durante toda sua vida uma serena clareza de espírito como se um imortal estivesse desenvolvendo um trabalho temporal; tal é o verdadeiro objetivo de qualquer cultura digna deste nome. Diz-se que a missão de uma Universidade é formar homens educados e sábios; pois bem, do ponto de vista teosófico, a Universidade deve produzir homens servidores e imortais. É justamente na Universidade onde os mais altos ideais da vida deveriam projetar-se com beleza e serenidade; e o mais alto ideal que se pode ensinar ali ao homem, nos tempos atuais, deveria ser a alegria de cooperar com todos os homens e com todas as nações, para conseguir o bem-estar da Humanidade. Entre as numerosas qualidades que um homem ou uma mulher pode adquirir na Universidade, a mais necessária hoje em dia é tornar-se um Cavalheiro de Serviço, tal como antigamente os da Confraria do Rei Arthur, de quem se diz que eram: "Aqueles cavalheiros famosos, da mais piedosa Fraternidade de que o mundo se lembra".

Todos aqueles que foram beneficiados com o que as nossas Universidades modernas podem ensinar, sabem quanta gratidão se deve ter por esses centros de educação; mas ao mesmo tempo é mister reconhecermos que se esses ensinamentos nos preparam de algum modo mentalmente, não nos puseram em condições de compreender o problema da vida que enfrentamos ao deixarmos a Universidade. Tivemos que desaprender, lenta e dolorosamente, muitas lições do passado e aprender numerosas lições, estranhas e difíceis, das quais os nossos professores não nos haviam falado. Se pudéssemos mudar tudo isso radicalmente, se a Universidade pudesse transformar-se num lugar onde nos indicassem o trabalho próprio para alimentar a nossa alma; se ali nos fizessem ver que, à medida que vamos executando esse trabalho espiritual, mais e mais nos aproximamos da Eternidade, então, estou seguro, a vida universitária se tornaria a parte principal da existência do indivíduo. Mas na situação atual, muitas pessoas que não passaram pelas aulas universitárias são Almas mais nobres e Servidores mais dedicados, do que aquelas que estudaram muitos anos na Universidade. Tudo isso há de mudar, seguramente, quando os princípios fundamentais da Teosofia permearem a educação e nossos professores ensinarem acima de tudo as grandes verdades que revelam ao homem sua natureza Divina e como essa natureza se desenvolve através do serviço à Humanidade.

Capítulo 3

A Teosofia nos Negócios

Prevalece no mundo, especialmente entre as pessoas religiosas, a ideia errônea de que as atividades comerciais são incompatíveis com a verdadeira vida espiritual. Isso é devido à falsa concepção da vida, apresentada pelos chefes de várias seitas religiosas. Sabemos que hoje em dia as pessoas fazem distinção entre interesses "religiosos" e "seculares" e, tacitamente, considera-se que eles devem ser opostos entre si, e, se não houver oposição manifesta, devem, pelo menos, ser excludentes. Esta concepção deriva-se do modo exagerado como nas religiões se considera a ideia da transcendência de Deus; nós imaginamos que o Criador, tendo construído Seu mundo, vive numa esfera muito distante, de onde se limita a supervisioná-lo. Segundo esta concepção religiosa, o homem, como criatura de Deus, tem apenas o dever de agradar o seu Criador, para assegurar a sua própria salvação. Lembro-me bem de um sermão que ouvi um dia numa igreja cristã sobre a obediência que o homem deve a Deus; esta obediência compunha-se de três virtudes: humildade, gratidão e submissão. O pregador insistia sobre a subordinação da alma do homem a Deus, como um pré-requisito da vida religiosa. Era evidente, segundo ele, que as atividades ordinárias da vida no lar, nos negócios e nas diversões contavam muito pouco para Deus e que o homem era julgado unicamente segundo certas virtudes teológicas que pudesse ou não ter adquirido. Esta maneira tão dogmática de considerar os velhos problemas referentes à vida diária do homem foi muito claramente resumida nos versos de um hino cantado pelos que estavam presentes na Igreja, no dia em que o sermão foi pronunciado. Eis aqui o verso:

> "Volto a minha casa
> Pelo antigo e bom caminho.
> Servi o mundo por suas recompensas sem valor,
> Pois vãs são as suas esperanças
> E perdidos são, em verdade, seu lucros,

E glorifico agora a Cruz ensanguentada".

Vemos claramente exposta nestas palavras a ideia de que as múltiplas atividades do mundo não têm utilidade alguma para o desenvolvimento espiritual do homem e que tudo o que adquirimos de aptidões, fora do ambiente estritamente religioso, não é outra coisa senão "recompensa sem valor". Quando numa religião, fica arraigada a ideia da renúncia e do ascetismo, geralmente se desenvolve, entre os seus adeptos, a ideia da inutilidade da vida no mundo.

A natural consequência da divisão que se faz da vida em religiosa e secular é a criação de duas moralidades que, frequentemente, guardam pouca relação entre si. O homem religioso achará perfeitamente legítimo ser egoísta, brutal e absolutamente sem espiritualidade nos negócios que tenha com outro homem, a quem tentará amar como um "vizinho" no seu relacionamento religioso. Um homem profundamente religioso, de bom coração e de natureza sensível de um lado, pode ser de outro lado selvagem e agressivo, e não compreenderá por que deva modificar esta outra parte do seu ser, em detrimento de seus lucros comerciais. Um leiteiro piedoso, embora fraudulento, que acrescenta, sem escrúpulos, água ao seu leite durante a semana, fará o mesmo no domingo, com rosto sério e compungido, e depois irá à Igreja e vibrará com sua religião!

Pois a Teosofia acaba com essas duas moralidades do mundo dos negócios, demonstrando que as atividades comerciais são tão parte do mundo de Deus como os templos e as Igrejas. É apenas Uma Vida que se manifesta por meio de todas as atividades dos homens e todas as atividades que se têm desenvolvido nas civilizações são necessárias para a execução do Plano Divino. O plano de Deus para a salvação da humanidade atua não somente através de cada ser humano, individualmente, mas também por meio de grupo. A natureza dos homens deve desenvolver-se emocional, mental e espiritualmente; e uma das causas deste desenvolvimento são as atividades coletivas que se exercem em muitas das organizações humanas. Na vida coletiva da humanidade são necessários vários tipos de agentes divinos para que Seu desígnio seja executado: o governante, o legislador, o guerreiro, o mestre, o sacerdote, o médico, o artista são todos necessários, a fim de que cada um desempenhe o seu papel no Divino Drama da vida; não devemos crer, porém, nem por um instante, que o papel desempenhado pelo comerciante seja menos importante do que o dos que citamos.

O indivíduo cuja principal obrigação consiste no cuidado dos seus negócios, traz ao mundo, como alma, uma missão a cumprir, tão espiritual como a do sacerdote; pois que o objetivo que o traz a este planeta é adquirir conhecimento ou experiências que o habilitem a exercer depois, em qualquer lugar e época, as atividades que vai assimilando. Ele não vem ao mundo para ganhar dinheiro ou obter conforto; mas sim, para adquirir capacidade; sua alma é colocada no mundo dos negócios em vez de sê-lo no da arte ou da religião, porque nas atividades comerciais adquirirá mais facilmente as qualidades espirituais indispensáveis para o seu futuro desenvolvimento. As verdadeiras virtudes que se adquirem na vida dos negócios são fundamentalmente espirituais; nenhum homem pode chegar a uma grande prosperidade em seus negócios, se não se dedica inteiramente a eles, aproveitando todas as oportunidades, tendo uma imaginação sempre desperta. Estas não são "virtudes seculares", por serem desenvolvidas em atividades que entendemos como tais; são "aptidões" com que enriquecemos a vida da alma. Não há dúvida de que entre os homens de negócio, há muitos que, embora possuam em alto grau essas virtudes, sejam egoístas, cruéis e sem coração; isso porém não quer dizer que tais virtudes sejam inúteis, somente pelo fato das pessoas que as possuem, serem desprovidas de outras. Se lembrarmos que um homem vive muitas vidas, e que uma vez adquirida uma capacidade jamais a pode perder, compreenderemos então como, tendo um homem de negócios desenvolvido essas virtudes numa ou em várias vidas (ainda que simultaneamente tenha aumentado o egoísmo), possa numa futura existência, quando a visão das coisas lhe for mais clara e começar a ser altruísta, empregar aquela habilidade especial em um trabalho em prol dos demais.

Na evolução da humanidade são empregadas todas as faculdades dos homens, bons e maus; "os malvados, em sua cegueira, cumprem a vontade do céu". As terras do mundo são hoje habitáveis, somente porque um pequeno grupo de pioneiros se embrenhou em seus desertos e florestas e as desbravou. É possível que o tenham feito apenas por motivos egoístas, mas no entanto esses homens foram usados como agentes de um Plano Divino. Os homens podem partir como pioneiros para novas terras a fim de conquistar riquezas para si; nós, porém, sabemos que uma vida assim requer heroísmo, sacrifício, perseverança, força, e que estas virtudes se incorporarão permanentemente a sua alma. Da mesma maneira, atualmente, encontramos nos magnatas dos "trustes" e nos "reis" da carne da América do Norte, grande habilidade comercial aliada a muito egoísmo e desejo de poder; no entanto, estão criando ideias mais eficientes de negócios e assim colaborando com o Plano Divino. Quanto ao egoísmo que acumulam, este será eliminado pouco a pouco, em vidas futuras, por meio do sofrimento; e quando tais almas se purificarem e adquirirem uma verdadeira perspectiva da vida conservarão aquelas vigorosas virtudes desenvolvidas por meio do seu egoísmo e cobiça, e serão então muito mais eficientes no bem do que muitas pessoas que, podem ter sido sempre boas e piedosas, mas tenham adquirido poucas habilidades.

A mensagem prática da Teosofia para os homens de negócios é que eles devem identificar-se sempre com as mais elevadas possibilidades e motivações e nunca com as mais baixas. Podemos compreender o que essas possibilidades são se considerarmos as diferentes etapas do desenvolvimento da capacidade comercial que o homem vai adquirindo. No estágio inicial existe somente a cobiça e o homem não pensa em outra coisa a não ser em seus interesses pessoais e considera, com avidez, tudo como sua propriedade particular. Na segunda etapa, a cobiça é dominada pela rotina mental do trabalho diário e o indivíduo se transforma em escravo do seu negócio, ocupando-se continuamente das várias questões comerciais, não tanto pelo que possa ganhar, mas porque essas ocupações lhe proporcionam uma sensação de vitalidade e realidade. Na terceira etapa do desenvolvimento, o homem de negócios tem consciência de estar cabalmente apto para o manejo dos seus assuntos comerciais e goza mais com esta sensação do que com o dinheiro que os seus planos bem concebidos e melhor executados possam trazer-lhe. Geralmente, nesta etapa, o indivíduo em questão é altruísta com certas pessoas e leva uma vida simples e pura em seu lar, embora no exercício do poder adquirido no comércio possa algumas vezes demonstrar o maior egoísmo. Afinal, o negociante há de alcançar a última etapa, na qual, pelo exercício das vigorosas qualidades adquiridas, aprende a conhecer quais são as linhas de atividade mais dignas e nobres para aquele que é depositário de energias divinas.

O teosofista como homem de negócios, devia aspirar sempre ao idealismo em sua profissão, e isso pode ser feito ainda na atualidade, apesar de todos os obstáculos que encontre. A primeira característica deste idealismo deve ser encarar o ramo de negócios no qual trabalha, como uma nobre contribuição para o bem-estar da humanidade, e conjuntamente com esta ideia, ter um desejo arraigado de fazer todo o possível para que suas atividades alcancem o mais alto ponto da perfeição. Portanto, não se contentará em ser completamente eficiente em seu próprio ramo, mas procurará unir esforços com outros indivíduos, em associações que permitam manter em destaque o seu ideal. Muito se terá de trabalhar ainda, a fim de que os homens de negócios se unam em corporações, não somente para obter vantagens pessoais como nos Trustes, mas também para discutir os princípios fundamentais do ideal subjacente aos negócios. O Plano Divino deposita nas mãos dos homens de empresa o desenvolvimento de um dos aspectos do trabalho do mundo, e eles têm a obrigação de zelar para que a sua tarefa seja executada com a menor perda de tempo e energia. Alguma coisa se tem feito neste sentido com a padronização de máquinas e ferramentas; porém muito mais ainda precisa ser feito a fim de que em todo o mundo haja facilidade para o intercâmbio e o aproveitamento de inventos e processos novos. É por meio dos homens de negócios de hoje, que esperamos a realização dos grandes ideais do Internacionalismo; enquanto os instrutores religiosos podem divulgar a Fraternidade Universal, as bases práticas sobre as quais esse ideal há de repousar deverão ser construídas pelos homens de negócios do mundo inteiro.

O teosofista que é um homem de negócios deve lembrar-se sempre de que o desenvolvimento do mundo é parte de um grande Plano e que os "grandes homens" em todos os departamentos da vida são encarregados de executar a obra Divina. Justamente nos momentos atuais, por exemplo, grandes mudanças se notam no mundo dos negócios, mudanças que dão vida a enormes agrupamentos de capital; sabemos perfeitamente quão implacáveis são esses Trustes e como procedem para arruinar o pequeno comerciante. Todavia vemos, ao mesmo tempo, a lenta transformação que se opera no desenvolvimento material das indústrias, desde o trabalho de alguns para o proveito próprio até o trabalho de um grande departamento nacional para o bem-estar de todos.

É por meio do adiantamento alcançado pela aplicação de planos comerciais concebidos por essas corporações, que algum dia, quando a espiritualidade e não a cobiça guiar os Trustes, poderemos abolir a pobreza. Cada invenção que tornou a vida mais fácil para os homens é uma realização do pensamento de Deus, e um inventor não é menos sacerdote de Deus que o sacerdote de uma religião.

Todos os homens são canais de uma Força Divina, e, à medida que esta força flui através deles, eles retêm uma parte de energia para si, uns mais que outros; e a maioria não compreende o dever que têm de introduzir essa Força nas atividades deste mundo, por menores que sejam. Se o homem de negócios compreendesse este princípio, reconheceria seu grande papel de construtor no levantamento do edifício divino da vida humana. Não disse Cristo: "Eu devo ocupar-me dos assuntos de meu Pai"? Pois bem, esse Grande Pai vive misteriosamente em nosso mundo como governante, legislador, médico e sacerdote; mas também vive, embora pareça estranho, como "homem de negócios". Este é o elevado aspecto da carreira comercial que a teosofia mostra e o homem ou mulher, cujo *Dharma* ou Dever está nos negócios, pode imprimir uma grande espiritualidade a todo o trabalho na loja e no escritório, na fábrica e na contadoria, executando seu trabalho como se fosse uma parte "dos assuntos de meu Pai".

Capítulo 4

A Teosofia na Ciência

A Teosofia ocupa um dos primeiros lugares entre as filosofias religiosas de hoje em dia, no que se refere à sincera aceitação dos fatos da ciência moderna. Além disso, ela preconiza, de maneira constante, a observação e o uso da razão, de modo que um estudioso da Teosofia que tenha tido uma prévia formação científica, encontra-se totalmente familiarizado com o método teosófico. A razão não é precisamente o fato de que as conclusões da Ciência e da Teosofia sejam as mesmas, mas porque os ensinamentos de ambas são o resultado de um determinado método de investigação. Devemos, em grande parte, à obra de Francis Bacon, o método científico moderno. Foi ele quem enfatizou a necessidade de uma observação cuidadosa, de um agrupamento metódico dos fatos e de partir de ideias específicas sobre eles para alcançar os conceitos gerais da lei natural. Este método de indução permitiu aos sábios modernos o descobrimento de grandes leis naturais, que são fundamentais e a aplicação prática destas descobertas revolucionou a nossa civilização.

Os fatos até hoje considerados pelo cientista moderno revelam um amplo processo mecânico na Natureza, e no seu interior uma tendência inexplicável para a transformação que denominamos Evolução. Esta tendência, em constante atividade, faz nascer miríades de formas nos reinos mineral, vegetal e animal. Os fatos observados nos mostram uma grande escada de vida que se estende, sem interrupção, desde o grão de pó até o mais elevado gênio humano.

Naturalmente reconhecemos que este processo, por meio do qual se criou a inteligência humana, não deve ser considerado unicamente em relação ao homem, pois ele é apenas uma espécie entre milhares. Além disso, se considerarmos o que a ciência diz acerca do homem, como indivíduo pertencente a um tipo, veremos unicamente como uma forma material através da qual se exercem os poderes de várias forças. Quando esta forma material se desintegra, nada resta do homem exceto alguma ligeira mudança que ele tenha provocado no processo evolutivo, pelas tentativas que possa ter feito para modificar seu ambiente, elevando-o da selvageria em direção à civilização.

A Teosofia não alimenta dúvidas sobre os *fatos* científicos, nem sobre sua total autoridade para resolver os problemas da vida. Entretanto, há na ciência moderna algumas debilidades inerentes que dão às atuais *conclusões* científicas um valor limitado. A primeira dessas fraquezas é a generalização precipitada, que caracteriza a aplicação do método indutivo. Teoricamente, as conclusões deduzidas de um grupo de fatos só deveriam ser consideradas como válidas, enquanto não surgisse um fato contraditório. Na prática, porém, a tendência é o cientista, quando suas hipóteses parecem explicar os fatos observados, julgar firmemente que não existem outros fatos capazes de questionar suas deduções. Temos então uma conclusão dogmática aplicada a teorias científicas que é em realidade anticientífica. Um exemplo marcante desta debilidade do método científico é ilustrada pelas teorias geológicas a respeito da idade do mundo que, até o fim do século passado, tinha sido declarada de modo conclusivo como sendo apenas de algumas centenas de milhares de anos. Todavia, foi bastante um só fato – a descoberta da natureza do Rádio, que em si mesma não tinha mais importância que outras na evolução, para que se modificassem sensivelmente todas as teorias geológicas, e hoje os cientistas se sentem autorizados a calcular a idade da Terra por milhões de anos e não por centenas de milhares, como se acreditara até há pouco. Um segundo exemplo se refere às teorias da hereditariedade que foram aceitas, durante dezenas de anos, como absolutamente concludentes, a partir do pressuposto de que as características adquiridas eram transmitidas; tal suposição foi aceita como verdadeira principalmente porque os dados até aí levantados não a contradiziam. Mas algumas descobertas no cruzamento das ervilhas, consideradas naquela época tão triviais que por muitos anos não mereceram atenção, obrigaram as velhas teorias a uma total adaptação aos fatos; e hoje em dia as teorias de Darwin foram profundamente modificadas pelos fatos demonstrados pelo Mendelismo. No começo da ciência moderna, a intenção de Bacon era que as primeiras hipóteses fossem consideradas apenas como primeiras provas, por mais absoluta que parecesse a sua concordância com os fatos. Mas a tendência do cientista é tirar conclusões quando observa fatos e supor que, sendo essas conclusões úteis aos experimentos e à vida, devem ser aceitas como verdades fundamentais.

Uma segunda fraqueza da ciência deve-se mais à personalidade do cientista do que ao método e isso se manifesta na tendência geral, ainda atual nos cientistas, de ignorar os fatos que tendem a provar a existência de uma natureza psíquica ou espiritual no homem. Influenciados por um preconceito anticientífico, os cientistas ergueram, no caminho da verdade, barreiras que são obstáculos tão formidáveis para o progresso da humanidade, como os criados pelas diferentes teologias. Ainda na atualidade, os pequenos grupos de estudiosos que examinaram cientificamente tais fatos concernentes à natureza espiritual do homem, dentro do âmbito da ciência moderna, enfrentam uma hostilidade pouco científica quando publicam os resultados das suas investigações, sobretudo porque tais resultados condenam o dogmatismo das conclusões científicas anteriores.

A terceira debilidade da ciência, mais grave ainda no que concerne à vida prática, consiste em que ela não pode, por causa da sua própria natureza, oferecer uma teoria real da vida. Cada dia que passa acrescenta alguma coisa à antiga soma de fatos, e aparecem tantos ramos especializados da ciência, que atualmente "as árvores não nos deixam ver o bosque". As descobertas são tão numerosas, que cada "lei" científica moderna deve ser considerada como provisória, se quisermos manter o verdadeiro método científico. Um fato novo, como por exemplo, o Rádio, pode exigir uma profunda modificação da "lei". A ciência pode, legitimamente, descobrir um processo, mas não uma direção; não conhecendo todos os fatos, ela não pode cientificamente pressupor uma resultante diagonal, seja ela qual for. Portanto, a ciência não nos pode dar uma filosofia, mas pode fornecer fatos indispensáveis a sua elaboração.

A Teosofia, que estuda sem cessar os fatos do Universo, não é outra coisa que a continuação da ciência. Entretanto, a diferença entre uma e outra é que a Teosofia dispõe de um maior número de fatos em que se basear, e mostra também como o indivíduo pode descobrir por ele mesmo a diagonal da vida, que é a verdadeira filosofia da conduta. Os fatos da Teosofia foram recolhidos exatamente do mesmo modo como o geólogo ou o físico reúne os seus, isto é, por meio de uma faculdade de observação cuidadosamente formada, que leva à indução e à dedução, comprovados repetidamente em cada novo fato observado. A Teosofia possui a tradição de uma Antiga Sabedoria cuidadosamente construída, de acordo com o método já citado, por grandes Inteligências científicas, denominadas Mestres de Sabedoria; e são justamente seus conhecimentos científicos os proclamados pela Teosofia moderna. O ponto principal, que distingue esta ciência antiga da moderna, é a conclusão, deduzida dos fatos observados pelos antigos cientistas, de que o processo evolutivo consiste num duplo desenvolvimento de vida e de forma. Cada objeto, além da forma que parece ter, está animado de uma vida que mantém a matéria nessa forma, mas é capaz de ter uma existência independente, uma vez ocorrida a dissolução da matéria. Esta vida pode apenas aparentar as características da vida, tal como num pedaço de mineral ou pode mostrar os primeiros germes do que chamamos vida, como um fungo. Assim como a ciência nos mostra uma magnífica escada na evolução da forma, a Teosofia nos mostra que existe uma escada semelhante na evolução da vida e da consciência, que principia no átomo e atinge o Criador do Universo. Os Mestres de Sabedoria puseram ao alcance da observação científica os mundos invisíveis, cujos limites alguns cientistas modernos estãoagora começando a atingir, em várias de suas experiências.

Além disso, a Teosofia pode proporcionar algo que a ciência moderna não pode fazer realmente, isto é, dar uma prova[3] do objetivo final da evolução, que é a transformação da consciência humana individual, por meio de um processo de reencarnação e desenvolvimento, numa consciência que manifesta os atributos da Divindade. A imortalidade da alma e o seu gradual crescimento para uma vida mais ampla não devem continuar a ser uma simples especulação, porque a Teosofia nos mostra como um indivíduo pode conhecer pessoalmente essas verdades.

O método, por meio do qual são descobertas essas "causas finais", flui logicamente das ideias mais elevadas da ciência moderna, que preconizam um processo puro e impessoal de observação e pensamento. A Teosofia leva

[3] O autor refere-se a uma prova racional e filosófica baseada em experimentos e investigações clarividentes por meio da Teosofia como Ciência Oculta, conforme também considera a Dra. Besant quando comenta a diferença entre Ciência Oculta e Oficial em seu livro Os Ideais da Teosofia (Ed. Teosófica, 2001, p. 75): "Mas qual a diferença entre os métodos? Nenhuma diferença na observação, nenhuma diferença no esforço, nenhuma diferença no raciocínio sobre a observação feita. Uma diferença de aparelhos – eis tudo. O homem de ciência faz os seus aparelhos de vidro, ou metal, ou líquidos corados, ou outras coisas do mesmo gênero. Nós (os ocultistas) arranjamos os nossos aparelhos desenvolvendo em nós um sentido que está em evolução natural, e nós desenvolvêmo-lo um pouco mais rapidamente do que a Natureza o pode fazer sem auxílio." (N.E.)

esse elevado pensamento científico sobre a natureza a um domínio mais amplo, apresentando à inteligência uma maior variedade de fatos dos mundos invisíveis. O alto grau de desenvolvimento que a Teosofia dá à imaginação, guiada por um altruísmo perfeito, desperta na consciência do indivíduo uma nova faculdade que transcende muito a inteligência e mediante esta nova faculdade, ele pode conhecer as suas causas finais. Quando o cientista perfeito, ou o verdadeiro teósofo, puder eliminar o "eu" em sua observação da vida, sua mente adquirirá uma luminosidade que a transformará num espelho que refletirá uma faculdade maior que a própria mente. Esta nova faculdade, descrita de uma maneira parcial pela palavra intuição, não se adquire por métodos externos, mas nasce da natureza interna do homem, proporcionando-lhe a única pedra de toque da Verdade, permitindo-lhe conhecê-la por si mesmo, diretamente, e sem que a mente mais exigente lhe possa opor a menor dúvida. Continuando dessa maneira a educação científica da mente, até que esta seja transcendida, a Teosofia preenche as lacunas inevitáveis do método científico, uma vez que dá a cada indivíduo diretamente o conhecimento final, cuja falta impede a ciência de apresentar uma válida filosofia da vida e da conduta.

O grande valor da ciência na evolução humana é devido não somente às mudanças práticas que o descobrimento da lei natural efetua na civilização, mas também à educação espiritual que cada indivíduo adquire, ao aprender a aplicar o método científico na observação do mundo que o rodeia. Ninguém pode deixar de aplicar o método científico, pelo menos enquanto não tenha adquirido serenidade e pureza mentais suficientes para descobrir em si mesmo o processo superior da intuição; quanto mais o homem puder observar, pura e impessoalmente, os fatos da natureza que penetram a sua consciência, maiores facilidades terá para adquirir o vivo conhecimento da sua própria natureza superior. É esta a razão pela qual o método científico é parte necessária da mais elevada formação humana e do crescimento espiritual.

A aplicação da Teosofia à ciência significa que os fatos científicos são considerados, não somente por seu valor utilitário para o bem-estar do homem, mas, principalmente, porque sua compreensão mostra ao homem a verdadeira harmonia do vasto conjunto do qual ele não é mais que uma parte. Não existe para o homem força nem dignidade maior do que sua percepção de que uma Mente Divina atua em todas as manifestações da natureza; pois, uma vez percebida, esta inteligência é vista como Bondade, Verdade e Beleza e quando é reverenciada, o homem cresce em Sabedoria, Força e Beleza. Todavia, são necessárias algumas pequenas alterações no agrupamento atual dos fatos científicos, se quisermos demonstrar para a inteligência humana o maravilhoso plano existente na natureza, para permitir ao olho e ao cérebro conhecerem a sua perfeição e harmonia. Sob a direção de cientistas teosóficos, o estudo das formas da natureza poderia ser apresentado até a crianças, de maneira a exercitarem a mente no respeito a todas as manifestações da vida, sejam elas pedra, planta ou animal. Ênfase especial deveria ser dada à geometria da natureza, porque, de acordo com suas leis, os elétrons se agrupam em átomos, os átomos em elementos e os elementos em formas que compõem os reinos mineral, vegetal e animal; estudar-se-iam não somente as forças químicas, mas também as formas químicas. Os sólidos platônicos, que se desenvolvem do tetraedro ao icoságono, seriam estudados como os "eixos de crescimento" de todas as formas. A ciência ditaria então o alfabeto do ritmo e da beleza, e quando os homens o aprendessem, saberiam encontrar a beleza em todas as partes e em todos os objetos dos mundos visíveis e invisíveis. Uma inteligência pura é a gloria da ciência e o indivíduo de mente pura tem um prazer consciente no Bem, no Verdadeiro e no Belo que se refletem em suas almas.

Dever-se-ia ensinar a cada criança a observar a vida

da natureza a seu redor; ela deveria ser orientada a interessar-se o mais possível pelos fatos da natureza no âmbito de sua experiência, e os pais deveriam guiá-la, etapa por etapa, em suas descobertas e em seus pensamentos, até que, apesar das suas limitações infantis, tiver adquirido a faculdade de observação impessoal. O jovem teria então desenvolvido, se não um vivo interesse pela natureza, pelo menos de um profundo respeito por seus caminhos. Essa faculdade de observação, desenvolvida pela disciplina científica, afetará inteiramente sua mentalidade, permitindo-lhe alcançar a verdade em todas as fases da vida em que se iniciar, e tudo isso de maneira muito mais rápida do que se não seguisse tal disciplina. Sua natureza moral manifestará maior espírito de justiça, porque será menos passional em seus julgamentos; ele será menos afetado pelo "disse-me-disse", pelas opiniões e pelos preconceitos populares, porque terá, dentro de si, um instinto em formação, que o colocará na defensiva contra a mera apresentação dos fatos. Existiria no mundo menos ódio, maledicência e preconceito se, desde a infância, os homens fossem exercitados nos rudimentos do pensamento científico; estas imperfeições morais deixam de existir uma vez eliminada a sua causa, que é a falsidade de pensamento.

A mensagem da Teosofia para a ciência é que demonstre sua *verdadeira* força, como auxílio na descoberta da verdade. O material da ciência, os fatos da natureza, são expressões da grande Vida Divina; e todo aquele que considerar um fato com espírito verdadeiramente científico, se encontra face a face com o próprio Deus. Pois um fato, quando claramente compreendido, é um fragmento da grande Realidade que contém tudo aquilo que os homens necessitam para o seu desenvolvimento e sua felicidade. O teósofo, quanto mais fiel for à verdade, tanto mais científico será e, do mesmo modo, mais teósofo será o cientista que mais fiel permanecer a seu método ideal.

Capítulo 5

A Teosofia na Arte

O papel da Arte na vida cresce diariamente em importância, de acordo com o desenvolvimento de maiores capacidades de pensamento e sentimento no homem. Quanto mais adiantada for uma civilização, mais forte será nela a influência da arte; e a aptidão do homem para conceber e expressar a arte torna-se, em muitos aspectos, um verdadeiro padrão pelo qual se mede seu progresso evolucionista. Compreenderemos porque isso acontece, ao examinarmos a arte do ponto de vista da Teosofia.

Tudo o que constitui a vida conduz à ação; mesmo

na mais profunda meditação, o homem está agindo, e, em verdade, agindo muito mais vigorosamente do que quando se limita a perturbar o equilíbrio da natureza física. Toda ação é o resultado final de uma série de forças mentais ou emocionais. Quando uma ação se origina no pensamento, ela será sábia e justa se este pensamento se fundou sobre realidades e não sobre erros; quando se baseou na verdade e está de acordo com os fatos da natureza, a ação é reta e proveitosa, tanto para o indivíduo como para a coletividade. É função da ciência produzir uma ação correta, purificando a mente e exercitando-a para ser fiel à realidade.

O papel da arte, por outro lado, é o de induzir à ação correta através de sentimentos corretos; e visto que a arte, sob muitos aspectos, tem demonstrado ser uma síntese da mais elevada autoexpressão do homem, é evidente haver nos sentimentos humanos gamas de emoções, por meio das quais podemos chegar à verdade mais rapidamente do que pela ação mesmo da mente de maior discernimento. Por alguns dos desejos de sua natureza emocional, o homem se aproxima do animal; contudo há dentro dele certas emoções capazes de abrir-lhe reservatórios de forças ocultas que o tornam mestre absoluto das circunstâncias. Destas emoções mais sutis é que se ocupa a arte. A delicada sensibilidade, ante a beleza de um pôr do sol, sintetiza num momento as nossas experiências passadas de vida e as apresenta à nossa emoção em generalizações vastas e arrebatadoras; uma frase musical, escrita de modo especial, poderá deixar-nos vislumbrar um céu desejado ou perdido; a beleza de um rosto humano poderá conduzir-nos aonde nos levam todas as filosofias, em busca de verdades eternas. E estas conclusões, que nos são dadas pela inteligência em seu mais alto grau de desenvolvimento, podem também nos ser dadas e, às vezes com maior verdade e profundidade, pelos nossos sentimentos.

A compreensão da Teosofia explica o processo pelo qual se desenvolve esta retidão de sentimentos necessária à arte. Visto do interior do homem, o sentimento é um estado da alma, mas considerado do exterior, é a entrada em ação de um veículo mais sutil, chamado corpo astral. Da pureza do material, da delicadeza e da flexibilidade da estrutura do corpo astral depende a natureza dos sentimentos do homem, e, por conseguinte, sua capacidade para a arte. A Teosofia aplicada à arte trata, primordialmente, da purificação e da educação dos sentimentos.

Como o corpo astral, no que se refere a suas sensações, depende sobretudo dos impactos que lhe chegam por intermédio do corpo físico, a purificação deste corpo se torna a primeira condição essencial. À natureza dos alimentos ingeridos corresponderá a natureza do corpo; se a dieta inclui carne de qualquer animal, o corpo adquire uma textura grosseira que atua sobre a textura do corpo astral, veículo dos sentimentos; quando a alimentação é pura e refinada, a textura mais fina do corpo físico dá pureza e delicadeza ao corpo astral. É certo que alguns dos maiores artistas eram dotados de corpos grosseiros, segundo o ponto de vista teosófico, e, assim mesmo, foram criadores de obras de arte; mas isso significa simplesmente que teriam produzido ainda mais, se parte de sua força criadora não se tivesse perdido em sua transmissão através de um veículo físico de textura grosseira. Apesar de a vontade impor o seu domínio às leis da natureza, nem por isso é menos efetiva a lei geral de que quanto mais puro for o corpo físico, maior será a delicadeza dos sentimentos e, por conseguinte, maior será a capacidade artística do indivíduo.

Além disso, os sentimentos devem ser educados para a pureza, isto é, devem ser indiferentes ao que leva à impureza e ser altamente sensíveis a tudo que conduz à pureza. Surge então imediatamente a pergunta: O que é a pureza? Deixando de lado a questão do que seja a pureza como virtude moral, no domínio da arte a pureza significa a correta apreciação da Beleza. Não precisaremos considerar agora o que é a Beleza Ideal, qual o seu imutável padrão, porque o mundo já tem certo conhecimento desta Beleza Ideal e, para os fins práticos da vida, não há dificuldade alguma em distinguir o belo do banal ou do feio. O que importa compreender é que o desenvolvimento artístico exige uma comunhão contínua com a Beleza e um afastamento real do que não é belo. Nós não nos damos conta de como os contornos dos objetos que nos rodeiam, em nossas casas e nas ruas, afetam o nosso corpo astral, e, por conseguinte, a nossa natureza emocional; as cores e sons discordantes, as impurezas da linha e da forma dão à nossa natureza uma desagradável impressão que aumenta nossa debilidade moral e diminui nossa força mental. Os homens acham difícil ser virtuosos, sobretudo porque estão rodeados de tanta fealdade; do mesmo modo como os micróbios no pó e no ar e os parasitas de vários tipos provocam numerosas enfermidades e diminuem a vitalidade física dos homens, invisivelmente, mas nem por isso menos prejudicialmente, assim também uma multidão de bactérias emocionais: a fealdade das linhas, das formas, das cores e dos sons contamina os nossos sentimentos e provoca uma enfermidade moral crônica, que mina a vitalidade da alma. A civilização ainda não percebeu a gravidade desta fonte oculta de contágio, que continuamente se exerce, embora o costume nos impeça de observá-la. Por sua própria natureza, porém, a alma não se habitua nunca com a fealdade nem com o mal; o constrangimento interior manifesta-se exteriormente pelo mau humor; e da mesma forma que o mau gênio de um bebê deve ser atribuído a alguma moléstia produzida em seu corpinho por um alimento inadequado, ou a uma excitação exterior tal como a picada de um alfinete, de igual modo devemos julgar as tendências do homem para o mal: às vezes a fealdade visível e invisível da vida é mais responsável pelos crimes dos homens, do que as suas próprias tendências criminosas.

Considerando-se que todos os objetos que nos rodeiam influem de maneira invisível sobre a nossa sensibilidade, endurecendo-a e tornando-a mais grosseira ou dando-lhe maior delicadeza e profundidade, a compreensão prática do lugar da arte na vida tem, por corolário, a reconstrução completa do meio ambiente de cada indivíduo. Esta reconstrução é especialmente necessária no caso das crianças, cujo corpo astral, durante a infância e a adolescência, é muito mais sensível às influências exteriores do que o corpo astral dos adultos. Todos os objetos que rodeiam as crianças desde o instante do seu nascimento deveriam ter uma grande beleza; as linhas, as curvas e as cores das paredes e do teto das habitações e os móveis deveriam ter o objetivo de influenciar os seus sentimentos; as antiestéticas grades que cercam certas ruas, os horrorosos terrenos abandonados e os sons dissonantes deveriam ser eliminados das cidades, em consideração às crianças, e também a nós mesmos. Insistimos na higiene para resguardar a saúde do corpo físico, e porque não insistimos igualmente numa higiene moral para resguardar a saúde e sensibilidade de nossos veículos mais sutis?

A pureza de sentimentos é, pois, um dos elementos que contribuem para a sua retidão; um segundo elemento é a compaixão. Nenhum sentimento tem retidão a menos que reflita em si o mundo mais vasto das dores e alegrias humanas; para poder desenvolver essa sensibilidade superior e da qual nasce a arte, cada sentimento deve conter em pequena escala o grande sentimento correspondente que agita a humanidade toda. "A arte pela arte" é uma coisa que não existe, se por ela se entender um mundo de arte e de beleza sem relação com o mundo dos homens. A arte mais elevada tem suas raízes, consciente ou inconscientemente, no coração dos homens, por mais que seus ramos e flores alcancem o próprio céu; a mais abstrata frase musical de uma sinfonia de Beethoven encontra sempre eco em nossos sentimentos humanos. Quanto mais se expandem os sentimentos do artista em sua empatia com os sofrimentos, as esperanças e os sonhos dos homens, mais cresce o seu horizonte artístico e mais universalmente compreendida será sua criação. Conclui-se então que o artista deve exercitar sua empatia por meio da observação, meditação, viagens e prática do altruísmo; embora empregue, deliberadamente, seus sentimentos purificados como instrumentos de sua arte, eles devem ser baseados num intelecto amplo e elevado. Seria difícil encontrar tesouro mais precioso para um artista do que a Teosofia, que lhe ensina o que são os sentimentos universais dos homens, e o que é este "Plano de Deus para os homens", cuja meditação é uma fonte inesgotável de sabedoria e purificação.

Se bem que sejam poucas as pessoas, cujo temperamento lhes permita chegar a um desenvolvimento totalmente artístico, não existe, todavia, nem homem, nem mulher, nem criança que não possua alguma aptidão específica para o sentimento e a expressão artísticos. Todos os esforços possíveis deveriam ser feitos para despertar na criança sua tendência potencial para apreciar o belo; não só a criança deveria viver rodeada de objetos formosos, mas também deveria aprender a criar coisas belas. As energias de seu corpo físico deveriam aprender o significado do ritmo através da dança; seus olhos e seu cérebro deveriam ser exercitados pelo desenho. Deveria aprender o que são os sons puros na palavra e no canto e a exercitar sua imaginação através da poesia e da música abstrata. Do mesmo modo que é dever dos pais cuidar para que seus filhos tenham um corpo são, assim também é sua obrigação velar para que tenham gostos refinados.

O desenvolvimento do Espírito Divino no homem recebe um enorme impulso, quando desde criança, seus delicados sentimentos e sua natureza pura só são expostos ao que há de melhor em matéria de gosto artístico, porque a arte é menos uma faculdade da alma do que um elemento de sua estrutura íntima. Da mesma forma que, no curso da evolução, a insensibilidade da pedra dá lugar à sensibilidade da planta e o vago sentimento desta é substituído pelas nascentes paixões do animal e os pensamentos rudimentares do animal cedem seu lugar, no grau seguinte, ao pensamento coerente do homem, assim o poder de compreensão do homem, por meio da mente, deve ser subordinado ao saber obtido pela Intuição. Na maior parte dos homens, esta intuição é latente ou apenas ligeiramente sentida; o grau seguinte na evolução humana é compreender a vida à luz plena da intuição. Consequentemente, o desenvolvimento artístico se torna enormemente necessário para todos os homens, pois lhes permite fazer o trabalho de suas vidas, mediante o processo da intuição, que é mais rápido e completo que o do pensamento. É certo que o mais elevado pensamento, por sua impessoalidade e quando imbuído do desejo de servir, confina com a intuição; os grandes filósofos, especialmente, demonstram compreender os problemas da vida do mesmo modo que a intuição pura os revela através da arte. Mas é muito mais fácil tornar os homens puros e compassivos em seus sentimentos, do que tornar os seus pensamentos impessoais; assim, embora a ciência e a filosofia sejam essenciais à cultura humana, esta cultura se desenvolve, mais rapidamente, quando dirigida aos instintos artísticos dos homens.

Quando tivermos despertado a intuição do homem, rodeando-o de beleza e ensinando-lhe a reagir a ela, ele descobrirá uma verdade mais elevada e durável do que a que a ciência lhe poderia revelar. A grande vantagem da visão da verdade pela intuição, é que ela é sempre sintética; cada verdade da vida, descoberta pela intuição, está ligada à totalidade da Verdade, e o homem pode seguir assim suas descobertas ao longo de um caminho que não tem interrupções nem tropeços. A tendência das coisas é percebida, mais claramente e de um ponto de vista mais central pela intuição, do que pelo processo puramente mental, por mais elevado que ele seja.

A arte tem na vida uma influência humanitária sem rival, quando sua força interior é compreendida e empregada conscientemente. Cada um dos sentimentos a que a arte dá origem é como um segmento de um círculo de sentimentos universais, no qual os outros segmentos são os sentimentos do resto da humanidade. Cada criação artística, não a que é um simples produto da imaginação ou de um grande esforço, mas a criação real, aquela que é uma janela aberta para um Mundo Divino de Ideias, une o criador a todos os homens, unifica-o com a humanidade.

Uma alma que durante sua vida criou apenas uma obra de arte, no mundo do pensamento ou no mundo emocional, uniu-se, por meio dela, à humanidade inteira, na medida da sua capacidade artística; enquanto que o grande poeta, o grande pintor, o grande escultor, o grande músico se tornam eternos sacerdotes da humanidade, unindo o homem a Deus para sempre. Este poder de união da arte é uma força até hoje pouco compreendida pelo homem; quando a civilização em toda parte for instintivamente artística, então deverão desaparecer completamente a falta de caridade e a inimizade, visto que amar a arte é amar a

Totalidade de que cada um de nós é somente parte infinitesimal.

Finalmente, através do desenvolvimento artístico ocorre uma descoberta que revoluciona completamente a vida do descobridor. A verdadeira arte, como se acaba de explicar, nasce onde reinam a pureza de sentimentos e a compaixão; e quando a arte se torna criativa produz no artista uma alta impessoalidade. É possível "neutralizar o eu" pelo pensamento científico, como no caso do filósofo, mas este resultado também é obtido pelo artista quando cria; todos os grandes artistas estão de acordo em dizer que nos momentos supremos de inspiração, todos os pensamentos e sentimentos do seu pequeno eu desaparecem. Quando o pequeno eu do artista fica assim anulado, momentaneamente entra em sua vida um Ser maior, indescritível. É a descoberta deste Ser que é mestre de seu ofício e infalível em sua sabedoria, que se constitui no grande acontecimento da vida do artista. Isto é a "salvação" do artista, este reconhecimento da eterna salvação do homem e de sua natureza imperecível, que as religiões tentam dar pela contemplação estática. Quiçá somente em certos instantes de sua vida criadora, poderá o artista fazer tão grandiosa descoberta, mas cada instante destes é como um marco em sua carreira artística infinita; e ter conhecido este Ser, uma vez sequer, já é ver esta vida "com olhos mais abertos e diferentes" dos olhos humanos.

Os artistas que têm essa visão "não são de uma época, mas de todas as épocas", e um Mundo Ideal flutua a sua volta, iluminando com luzes multicoloridas os brumosos acontecimentos deste mundo mortal. Este mundo está constantemente ao nosso redor, ainda que só os grandes artistas nos possam dizer o que ele é em sua grandeza e totalidade. Todos nós podemos, entretanto, obter vislumbres dele, à medida que formos exercitando nossos sentimentos para a pureza e para irradiar compreensão e compaixão. Uma criança, com seu coração puro e suas mãos inocentes, pode obter um desses vislumbres e tornar-se, nesse momento, um verdadeiro artista; reflexos desse mundo ideal são vistos na cor das nuvens, no azul do mar e no barulho das ondas. As montanhas o refletem, e em cada lago, no crepúsculo dos campos, no bosque, no prado, esse mundo fala aos nossos corações e mentes. O rosto dos amigos e seres queridos é o seu espelho; a harmonia da música transporta-nos a ele com enlouquecedora insistência.

A grande Realidade, na qual está enraizada a nossa natureza imortal, não está longe, talvez para ser conhecida – quem sabe? – somente depois da morte; está aqui e é desde já fonte de todo consolo, assim como é a causa de todo sofrimento e morte. E a Arte possui a chave para abrir a porta a todos os que a buscam.

Capítulo 6

A Teosofia no Estado

O êxito ou o fracasso dos grandes sistemas de doutrinas éticas depende do efeito que estas tenham produzido nos agrupamentos de homens, que denominamos nações organizadas. Sendo os homens as unidades constituintes da organização social, o valor que um ensinamento ético possa ter para um indivíduo, está indissoluvelmente ligado a sua aplicação na comunidade de que o indivíduo faz parte. E assim como a compreensão de algumas simples verdades da Teosofia modifica o conceito que um indivíduo tem de si mesmo, de igual maneira a concepção do que constitui o verdadeiro Estado, considerado do ponto de vista teosófico, modifica profundamente a atitude do indivíduo para com sua vida entre seus semelhantes.

Pois o que é o estado moderno hoje? Podemos dizer que em suas linhas gerais, ele difere muito pouco da tribo, tal qual existe e podemos estudar nos animais vertebrados superiores, como, por exemplo, os chacais e os lobos. Assim como o objetivo da tribo é defender-se do inimigo comum, e ao mesmo tempo obter com maior facilidade o alimento, o objetivo principal do Estado moderno é proteger-se contra as agressões de terceiros e aumentar os seus meios de subsistência. A moralidade do Estado é igual à da tribo; todo indivíduo que diminua a potência de resistência ou de agressão do Estado, ou contribua para diminuir a quantidade disponível de alimentos é considerado como um inimigo. É este pensamento que determina a nossa atitude para com o indivíduo que viola a lei e para com o desvalido; o criminoso é considerado um indivíduo que perdeu os seus direitos de cidadão e é castigado, mais com o intuito de impedir que outros sigam o seu exemplo, que para ajudá-lo a redimir-se; não nos preocupamos em investigar a causa verdadeira do crime e quem é responsável pelo ambiente que tornou sua criminalidade possível. Por outro lado, o homem pobre é considerado como um fracassado na vida, uma parte da escória da civilização, e não procuramos compreender até que ponto o Estado é responsável pelas causas de sua pobreza. Os exércitos e as marinhas de guerra são partes integrantes da civilização moderna, e desgraçado do Estado que, recusando imitar os demais, não se equipar para ser supereficiente na destruição. Segundo nossa concepção do Estado, a maior parte das pessoas considera o indivíduo como um animal que deve ser domesticado para o bem do Estado e os Estados vizinhos são considerados como rivais, contra cuja hostilidade o Estado deve estar sempre atento. Quando aplicarmos as verdades teosóficas aos problemas do Estado, poderemos compreender que o nosso conceito destes assuntos é radicalmente diferente.

Existem dois fatos fundamentais a respeito do verdadeiro Estado: em primeiro lugar, o Estado é uma Fraternidade de Almas, e, em segundo lugar, o Estado é uma expressão da Vida Divina de Deus. Vejamos como aparece o Estado à luz destas duas verdades.

O Estado é uma Fraternidade de Almas. Os indivíduos que compõem o Estado são *Almas*, egos imortais em corpos terrestres; eles são membros do Estado, com o fim de evoluírem até alcançar um ideal de perfeição. Como almas, participando todos de uma única Natureza Divina, são irmãos dentro do Estado; sejam eles ricos ou pobres, instruídos ou ignorantes, bons cidadãos ou criminosos, todos são irmãos e não há nada que uma alma possa fazer para modificar este fato da natureza. Os indivíduos instruídos ou orgulhosos talvez possam recusar-se a admitir uma identidade de sua própria natureza com a do ignorante ou do degradado; os seres débeis ou de tendências criminosas podem manifestar mais os atributos do animal que os de Deus. Mas o certo é que tanto no indivíduo evoluído como naquele que ainda está atrasado, há igualmente uma só natureza — a da Vida divina — e nada que o homem faça pode enfraquecer os laços de fraternidade que o ligam aos demais.

É necessário compreender que esta fraternidade de todas as almas é muito semelhante às relações que existem numa família; os irmãos não têm todos a mesma idade, ainda que sejam todos filhos dos mesmos pais. Do mesmo modo, entre as almas que em seu conjunto compõem o Estado, existem as velhas e as jovens, e é precisamente essa diferença de idade espiritual e de capacidades o que torna possível o funcionamento do verdadeiro Estado. A idade da alma é constatada a partir do interesse que tome pelos ideais de altruísmo e de cooperação; a alma mais madura é a que toma a dianteira a fim de contribuir para o bem-estar dos demais, enquanto que a alma mais jovem se preocupa preferencialmente com seus próprios interesses e se deixa guiar mais pelas suas necessidades pessoais que pelo desejo de se sacrificar pelo outros. As diferenças de situação social e de fortuna que existem nos Estados modernos, não podem ser consideradas como classificações reais que separam as almas mais velhas das mais jovens; um homem nascido numa classe ou casta elevada pode, entretanto, ser uma alma muito jovem, enquanto outro nascido num meio ignóbil, segundo as convenções mundanas, pode ser uma alma muito adiantada.

Havendo em cada Estado almas velhas e jovens, a Lei da Fraternidade manda que as mais velhas se sacrifiquem muito mais em benefício das mais jovens do que estas por aquelas. Como as almas mais velhas receberam maiores dons da vida ao longo das eras passadas, maior contribuição é exigida delas, tanto em sacrifício próprio como em responsabilidade.

Seguindo a ordem natural das coisas, a direção dos negócios do Estado estaria, sem dúvida, a cargo das almas mais velhas. Não importa que num Estado o poder esteja em mãos de uma monarquia, oligarquia ou democracia, porque quando o Estado começa a exercer as suas verdadeiras funções, os seus assuntos são dirigidos por uma aristocracia composta das melhores almas, isto é, das mais velhas e capazes. Estas almas escolhidas podem denominar-se democratas ou republicanas, e podem ter recebido das massas o poder para exercer seus cargos; mas o fato continua o mesmo: a direção do Estado é confiada pelas almas mais jovens às mais velhas. Enquanto não chegar aquele dia, num futuro distante, em que cada alma será sua própria lei como um Legislador Divino, a direção do Estado deve ficar nas mãos de uma minoria que denominamos governadores ou administradores.

O grande princípio de uma classe ou casta, que guiará estes homens em sua administração, será que, em todos os negócios de estado, o princípio da Fraternidade dominará todas as coisas. Isso implicará no reconhecimento de que qualquer sofrimento evitável, a ignorância ou a condição atrasada de um só cidadão é prejudicial ao bem-estar de todos os cidadãos, porque sendo o destino de cada um inseparável do destino dos outros, o desenvolvimento de um contribui para o progresso de todos, assim como a queda de um contribui para o atraso de todos; e, também, que não deve existir nem sombra de exploração de um homem pelo outro, nem de uma classe pela outra. E visto que todos os homens, ainda os menos desenvolvidos, são almas, — deuses em vias de formação, — o indivíduo que dirige a aplicação das leis e das constituições, tem o dever de pensar continuamente no fato de que uma Divindade mora dentro de cada indivíduo. Nos Estados modernos faz-se de preferência todo o possível para aniquilar os vestígios animais que subsistem no homem, deixando por completo de lado a aptidão que ele teria para cooperar com o bem, se apenas apelássemos ao Deus que mora dentro dele.

Quando no Estado se reconhecer a existência desse Deus oculto no homem, produzir-se-á uma revolução muito grande em nossa atitude para com os criminosos e na maneira de tratá-los. Em primeiro lugar, seja qual for o ato cometido, não devemos esquecer que o criminoso é nosso irmão. Para nós que obedecemos, implícita e voluntariamente, às leis do Estado, o criminoso é realmente um irmão mais moço; e ainda que caia mil vezes, ele não deixa por isso de ser nosso irmão. A solução do problema criminal depende, portanto, em primeiro lugar, da compreensão das causas que contribuíram para o crime, e, em segundo lugar, dos meios de que se dispõe para reformar convenientemente o caráter do delinquente, de modo que lhe seja impossível a reincidência.

As causas que contribuem para o crime são físicas e mentais. Entre as causas físicas, uma das mais importantes é a falta de saúde; esta ausência de saúde pode ser imputável à alimentação deficiente, à insalubridade das habitações ou a defeitos patológicos de constituição. Quando, porém, um indivíduo é afetado por uma destas causas (não gozando, portanto, de saúde corporal), parte da responsabilidade pelo crime recai sobre os governantes e sobre aqueles que os elegeram com seus votos. As causas mentais se relacionam tanto com o indivíduo, como com a comunidade. O indivíduo tem uma fraqueza de caráter proveniente de suas vidas passadas, fraqueza que foi aumentada pelo ambiente desfavorável em que ele vive, em vez de ter sido reduzida pela influência de um meio favorável; o indivíduo é responsável pelos seus crimes na proporção da força de seus defeitos. Mas a força de seus próprios defeitos não representa, necessariamente, a totalidade da energia manifestada no crime; muitas vezes, grande parte da força necessária para cometer o crime foi proporcionada ao malfeitor por outros indivíduos. Quando, por exemplo, um homem fraco, pouco evoluído, comete um assassinato sob a influência do álcool, se analisássemos detalhadamente todas as causas ocultas, veríamos que ao seu furor e à sua cólera foi acrescentada uma força adicional de ódio que veio do exterior. Algum cidadão, aparentemente respeitoso das leis, pode ter desejado, com toda a força de seu ódio, matar algum inimigo, mas absteve-se de fazê-lo por receio das consequências de seu crime; ainda que se tenha abstido de cometer o ato, não cessou de pensar poderosamente no assassinato. Seu pensamento, lançado na atmosfera, voa para o homem débil e bêbedo, cuja vontade apenas não seria suficientemente forte para movê-lo ao crime, apega-se-lhe num momento de cólera, descarrega sua força total sobre ele, e, fazendo desse indivíduo um instrumento, comete um assassinato, por meio dele. Em todo ato criminoso, seja qual for o seu autor, todos nós temos nossa parte de responsabilidade; os pensamentos de maldade e de ódio dos cidadãos, que aparentemente observam as leis, contribuem para o crime, na mesma proporção em que a fraqueza inata dos próprios criminosos. Assim, toda a coletividade é causadora dos crimes que alguns cometem, e aquele que executa o ato criminoso não é o único responsável, visto que participam desse ato todos os que o induziram a ele.

Em seguida devemos considerar a cura do criminoso. Como o criminoso é fundamentalmente um ser enfermo e como todos nós, alguns mais, outros menos, contribuímos para a sua enfermidade, não devemos relacionar o tratamento, em hipótese alguma, com a ideia de castigo.

Ao contrário, ele deve ser orientado pelo pensamento de reparação. O Estado, como tutor dos cidadãos, tinha o dever de vigiar o indivíduo de vontade fraca, para afastar dele tudo o que pudesse desenvolver o gérmen do mal; se ele comete um crime, é porque o Estado traiu a confiança que a Lei Divina depositou nele. Nós, como cidadãos do Estado, devemos curar a enfermidade do criminoso, não através de nosso ódio, como fazemos hoje, encerrando-o em prisões e castigando-o, mas por meio de nossos sentimentos de Fraternidade. Não castigamos os tísicos, mas procuramos curá-los, submetendo-os ao melhor tratamento e empregando para isso os bens do Estado. Devemos ter atitude semelhante para com o criminoso, que também é nosso irmão.

Se apenas procurássemos compreender os laços de Fraternidade que nos unem a cada cidadão do Estado, encontraríamos muitos meios novos de extirpar o crime. Nosso crescente sentimento de humanidade já tem descoberto alternativas ao banimento em prisões, como o sistema de Liberdade Condicional, os Tribunais, as Comunidades e os Reformatórios para Menores, adotados em vários países e cuja eficácia está sendo comprovada, no caso de infratores primários. Estamos começando a tratar o criminoso como se ele ainda fosse realmente um homem; resta-nos pouco caminho a percorrer, para que sempre o consideremos como nosso irmão. Então, todas as forças da sabedoria estarão a nossa disposição a fim de podermos, por seu intermédio, resolver uma quantidade de problemas que nos frustram hoje em dia, quando procuramos melhorar as condições de vida de nossos semelhantes.

Se todas as nossas leis pudessem ser formuladas de tal modo que evidenciassem a ideia fundamental do Estado como sendo, não o direito de propriedade, mas a necessidade de preservar a Fraternidade; que, por conseguinte, os homens não devessem ser considerados como bestas, cuja natureza animal é evidente, mas como filhos de Deus, cuja natureza divina deveria revelar-se, em resposta aos ideais de probidade, virtude e Fraternidade; que pela mesma razão, aquele que se recusasse a cooperar com o Estado não deveria ser visto pelo mesmo Estado como alguém que não é um cidadão, nem um irmão como qualquer outro, senão que, pelo contrário, é digno, pela sua própria debilidade, de maior cuidado e simpatia; se esse conceito do Estado pudesse ser ensinado a todas as crianças e aceito por todos os homens e mulheres, o crime iria diminuindo em cada geração, a alegria de cooperar substituiria o amargor da competição e, pela primeira vez, veríamos sobre a Terra um Estado digno deste nome. Chegará um dia em que existirão neste mundo esses Estados verdadeiros, pois faz parte do Plano Divino que os homens venham a compreender que um Estado é uma Fraternidade de Almas.

O Estado é uma expressão da Vida Divina de Deus. Etapa por etapa, numa escala ascendente de vida, a Natureza de Deus revela sua Imanência na pedra e na planta, nos invertebrados e nos vertebrados; cada etapa revela mais claramente Sua vida por meio da maior complexidade dos organismos, mostrando do lado da Forma um grande número de unidades constituídas num todo, e do lado da Vida, uma nova expressão de vida mais elevada do que as vidas separadas de seus componentes. Da mesma maneira, por intermédio dos homens, um novo veículo está em vias de ser preparado para a vida de Deus. Existe uma etapa em que Deus é o Homem; numa etapa mais avançada, Deus é a Família, e percebemos, confusamente, na Família, mais possibilidades de vida para cada membro que, bem compreendidas, nos fazem ouvir uma nova chamada ao sacrifício e ao idealismo – para o bem da Família. Em seguida o homem, em sua qualidade de unidade de uma Família, percebe que sua Vida Divina está rodeada de uma irradiação mais vasta, mais misticamente bela, que o envolve da mesma forma como a matéria nutritiva rodeia o núcleo na célula.

Depois há outra etapa ainda mais adiantada, quando uma nova onda de Vida Divina, mais gloriosa, chega aos homens e através das famílias cria um Estado, modelando as unidades num conjunto novo e mais amplo. Então, novas possibilidades de Vida se manifestam na alma de cada um. Uma nova esfera de Vida Divina rodeia as almas que constituem o Estado, alimentando-as de novas esperanças e de sonhos que as fazem viver, assim como a mãe alimenta o filho em suas entranhas e nutre sua jovem vida com seu próprio sangue.

Se os cidadãos pudessem conhecer esta Vida imanente, que é a essência do Estado, alegremente fariam de si mesmos, de seus lares e de suas cidades, veículos perfeitos para que ela se manifestasse. A fealdade desapareceria para ser substituída por habitações repletas de beleza e por cidades imponentes; a miséria e as enfermidades não seriam senão pesadelos horríveis; e a pobreza, o ódio, a amargura e as dissensões não incomodariam nunca mais a vida serena e alegre do Estado. Cada cidadão refletiria em seu rosto algo da glória do Estado; o artesão, que trabalhasse para o Estado, teria em sua atitude a luz de um brilho peculiar; o artista e sonhador manifestaria uma beleza toda sua, diferente da que agora descobre e proclama. Porque, do mesmo modo que o homem busca a Deus, Deus também busca o homem; assim como o homem, durante o lento transcurso do tempo, se eleva da condição de selvagem à de homem civilizado e de homem solitário e egoísta à de uma unidade da família, e, em seguida, do Estado, assim também Deus desce até o homem a fim de ser, no princípio, sua consciência, suas esperanças e seus sonhos de imortalidade, e depois se manifesta sob o aspecto da família e do Estado. Pois o verdadeiro Estado é uma revelação de Deus, e justamente porque ela ainda não ocorreu, o homem se esforça para mudar seu ambiente de bom para melhor, de melhor para ótimo. Através das barbaridades e selvagerias, dos desejos egoístas e das guerras fratricidas, os Estados do mundo se modificam no decorrer dos séculos, e os homens se elevam da condição de bestas até a Divindade; eles se modificam desta maneira, porque Deus, como Estado, reclama Sua morada. A Teosofia revela este conhecimento de Deus, como Estado, a todos aqueles que desejam compreender qual é o porvir que espera os homens.

Quando os homens tiverem compreendido o que constitui o verdadeiro Estado, uma revelação ainda mais completa lhes será feita: a revelação de Deus como Estado Mundial. Através de todos os Estados do mundo, manifestar-se-á então um ideal maior do que os homens jamais sonharam; cada Estado se transformará em novas e magníficas realizações, porque sobre todos eles pairará a força majestosa do Plano de Deus, finalmente executado. Ninguém perguntará qual é o melhor Estado, porque tudo o que as mãos de Deus tocaram, torna-se perfeito. O homem que contempla um milagre de Deus, um pôr do sol, perguntará se a cor rosa é mais bela que a azul ou que a dourada, ou pedirá para o pôr do sol ter uma só tonalidade? Algum dia o mundo há de ser assim, quando a Sabedoria de Deus "reger todas as coisas com poder e doçura". Para esse grande Dia da Humanidade, os Estados do Mundo estão se encaminhando, e finalmente alcançarão o seu objetivo, porque assim está disposto no Plano Divino.

Sabedoria no planejamento, confiança no esforço e uma disposição alegre, dia e noite, para com todas as coisas da vida, tais são os atributos daquele que vê o Mundo de Deus e o Mundo dos homens iluminados pela Teosofia.

Maiores informações sobre Teosofia e o Caminho Espiritual podem ser obtidas escrevendo para a **Sociedade Teosófica no Brasil** no seguinte endereço: SGAS - Quadra 603, Conj. E, s/nº, CEP 70.200-630 Brasília, DF. O telefone é (61) 3322-7843. Também podem ser feitos contatos pelo fax (61) 3226-3703 ou e-mail: st@sociedade teosofica.org.br site: www.sociedadeteosofica.org.br.